STORÏAU HANES C

HARRI TUD

JOHN EVANS

Trosiad gan Hedd a Non ap Emlyn

Lluniau gan Angus McBride

DREF WEN

Cafodd Harri Tudur ei eni dros 500 o flynyddoedd yn ôl yng Nghastell Penfro, ar 28 Ionawr, 1457. Cafodd Harri ei eni adeg rhyfel. Roedd dau ewythr iddo yn ymladd dros fod yn Frenin. Roedd tad Harri wedi marw cyn ei eni, felly cafodd ei fagu gan ewythr arall o'r enw Siasbar Tudur.

Roedd Harri yn bwysig. Roedd hi'n bosibl y byddai'n Frenin Lloegr ryw ddiwrnod. Roedd e'n bwysig i bobl Cymru hefyd. Dywedodd Yncl Siasbar, "Amser maith yn ôl, ein teulu ni oedd yn llywodraethu Cymru. Un diwrnod, bydd Harri yn llywodraethu eto." Roedd llawer o bobl yng Nghymru wedi blino ar gael eu llywodraethu gan Frenin Seisnig. Roedden nhw eisiau Cymro i'w llywodraethu.

Achos ei fod e'n bwysig, roedd bywyd Harri mewn perygl yn aml. Roedd llawer o bobl bwerus eisiau ei reoli fe.

Ceisiodd Siasbar yn galed i amddiffyn ei nai, ond pan oedd Harri yn bedair mlwydd oed, ymosododd ei elyn, Wiliam Herbard, ar Gastell Penfro. Cymerodd Harri oddi wrth ei fam ac aeth ag e i fyw yng Nghastell Rhaglan.

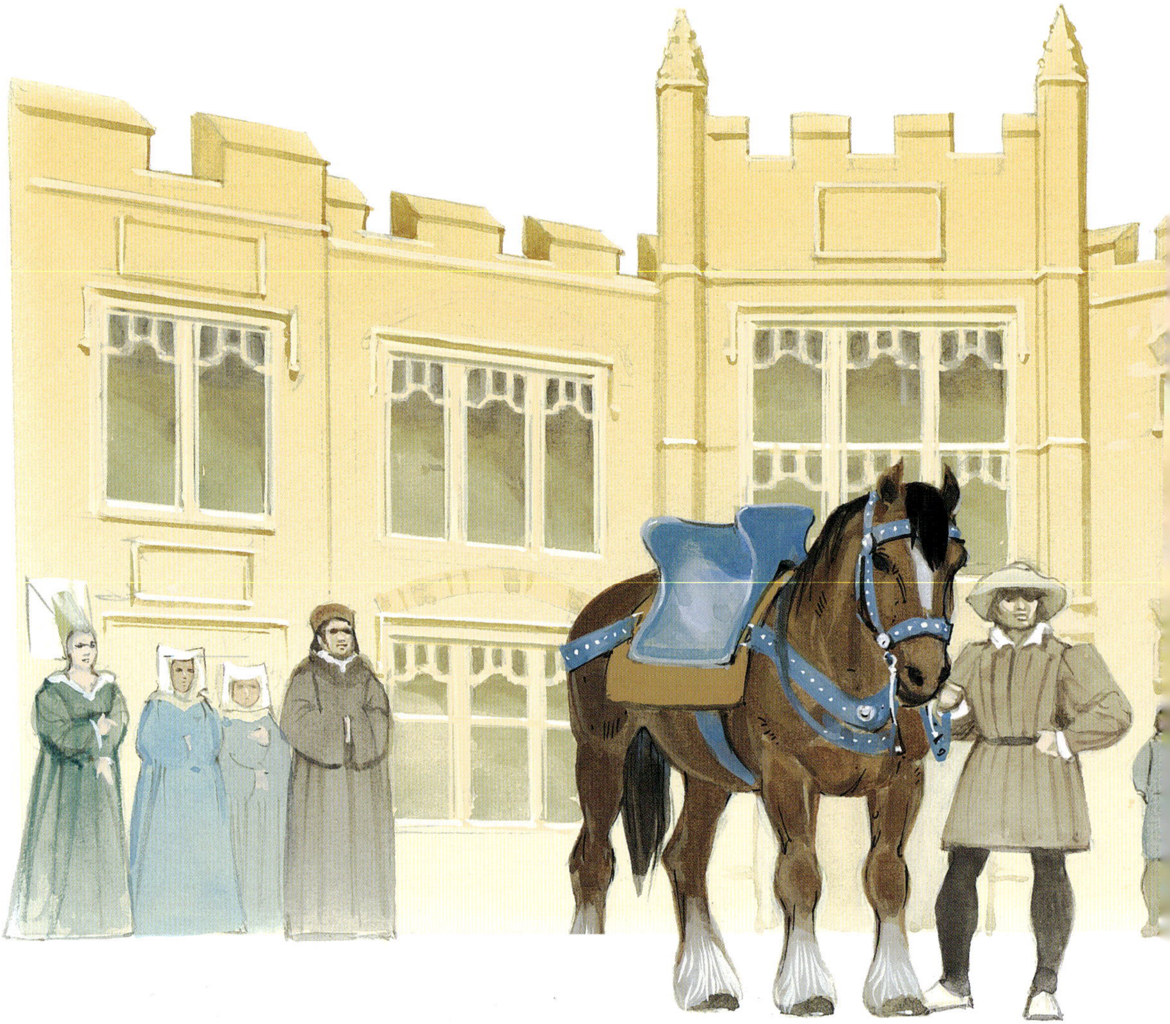

Edrychodd Wiliam Herbard ar ei ôl yn dda, fel petai'n aelod o'i deulu ei hun achos roedd hi'n bosibl y byddai Harri yn Frenin ryw ddiwrnod. Dysgodd Harri sut i ddarllen ac ysgrifennu, fel pobl bwysig eraill y dyddiau hynny, ond dysgodd sut i fod yn ŵr bonheddig hefyd.

Roedd yn rhaid iddo weini ar Wiliam Herbard adeg gwleddoedd pwysig, a dysgodd sut i ymladd â chleddyf a reidio ceffyl. Roedd Wiliam yn gobeithio y byddai Harri yn priodi ei ferch ryw ddiwrnod.

Methodd cynlluniau Wiliam. Pan oedd Harri yn ddeuddeng mlwydd oed, cafodd Wiliam ei ladd mewn brwydr a chafodd Harri ei gymryd yn ôl at ei Yncl Siasbar ym Mhenfro. Penderfynodd ei ewythr ei bod hi'n rhy beryglus i Harri aros yng Nghymru, felly penderfynodd fynd â Harri i ffwrdd nes roedd e'n ddigon hen i edrych ar ei ôl ei hun. Ble gallen nhw guddio?

Rhuthron nhw i Ddinbych y Pysgod i gyfarfod â Thomas White. Roedd Thomas yn fasnachwr cyfoethog ac roedd llong ganddo fe. Cytunodd e i'w cymryd nhw i Ffrainc, lle y bydden nhw'n ddiogel. Yn ystod y daith, cododd storm ar y môr a bu bron i'r llong gael ei dryllio ar greigiau Llydaw.

Bu Harri a Siasbar yn byw'n heddychlon mewn castell mawr yn Llydaw am un deg pedair o flynyddoedd, gan aros am gyfle i fynd adref yn ddiogel.

Un diwrnod, cyrhaeddodd newyddion fod ewythr Harri, Rhisiart, wedi cael ei wneud yn frenin. Roedd Rhisiart yn amhoblogaidd, ac yng Nghymru roedd pobl yn dweud y byddai Harri yn well brenin.

Dychwelodd Harri ar frys gyda phymtheg o longau a 5,000 o filwyr i'w helpu. Ond roedd y môr yn beryglus a chafodd ei longau eu dryllio gan storm arall.

Pan geisiodd Harri lanio yn Lloegr, daeth dynion ar ei ôl a bu'n rhaid iddo ddychwelyd i Lydaw.

Ceisiodd Harri eto ddwy flynedd yn ddiweddarach. Roedd e wedi cynllunio'n fwy gofalus y tro hwn. Roedd ei fam wedi dod yn ffrindiau gyda llawer o bobl bwysig Lloegr ac addawodd Harri briodi ei gyfnither, Elizabeth, er mwyn dod â'r cweryla i ben.

Y tro hwn, penderfynodd Harri hwylio i Gymru gan fod llawer o ffrindiau yno i'w helpu.

Ar Awst 7, 1485, glaniodd Harri a'i fyddin fach ar y traeth ger ei hen gartref ym Mhenfro. Wrth iddo ddod oddi ar ei long, cododd ei faner. Roedd draig goch anferth arni. Yna, gorymdeithiodd drwy Gymru, ac ymunodd rhagor o filwyr ag e bob dydd.

Ar Awst 22, bu brwydr fawr yn Bosworth yn Lloegr i benderfynu pwy fyddai'r brenin newydd. Lladdwyd y Brenin Rhisiart, ac mae rhai pobl yn dweud bod ei goron wedi cael ei darganfod mewn llwyn drain. Coronwyd Harri Tudur yn Frenin Harri VII ar faes y gad gan ei filwyr.

Bu Harri'n Frenin am ddau ddeg pedair o flynyddoedd hyd nes iddo farw'n dawel ym 1509. Cadwodd ei addewid a phriododd y Dywysoges Elizabeth. Gwobrwyodd nifer o'i ffrindiau o Gymru a oedd wedi ei helpu i ddod yn Frenin. Harri oedd y Brenin olaf yn hanes Prydain i ennill y goron ar faes y gad.

Bu ei fab a'i wyrion yn llywodraethu Cymru a Lloegr am ganrif, ac yn raddol, dysgodd pobl Cymru a Lloegr gydfyw'n heddychlon.

MYNEGAI

 Cyhoeddwyd 2003 gan Wasg y Dref Wen, 28 Ffordd yr Eglwys, Yr Eglwys Newydd, Caerdydd CF14 2EA. Ffôn 029 20617860. Argraffwyd yng Ngwlad Thai.
Dyluniad clawr gan Elgan Davies. Llun clawr cefn: Harri VII gyda chaniatâd y National Portrait Gallery, Llundain